AF311918

17 Novembre 1892.

PREMIÈRE VENTE DE MME BOLLÉ

PAR SUITE DE CESSATION DE COMMERCE

les Jeudi 17 et Vendredi 18 Novembre 1892

HÔTEL DROUOT, SALLE N° 2 (ANCIENNE SALLE N° 3)

à deux heures un quart

MEUBLES ANCIENS

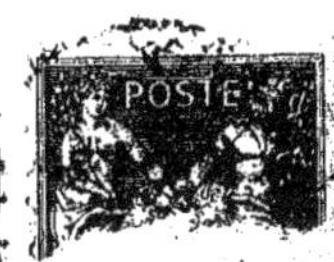

EN BOIS SCULPTÉ ET EN BOIS DE LUXE ORNÉS DE BRONZES

Armoires, Commodes, Cabinets, Tables, Horloges
Vitrines, Coffres, Guéridons
Chiffonniers, Sièges, Sculptures sur bois, Terres cuites
Tableaux

OBJETS DE CURIOSITÉ

Cuivres, Fers, Étains, Armes, Bronzes
Faïences et Porcelaines
Guipures, Étoffes, Objets divers de vitrine

Me RENÉ LYON	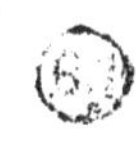	**M. A. BLOCHE**
COMMISSAIRE-PRISEUR		EXPERT PRÈS LA COUR D'APPEL
29, rue Le Peletier, 29		25, rue de Châteaudun, 25

Chez lesquels se trouve le présent Catalogue.

EXPOSITION PUBLIQUE

Le Mercredi 16 Novembre 1892, de 2 heures à 6 heures

CONDITIONS DE LA VENTE

Elle sera faite au comptant.

Les acquéreurs payeront en sus des enchères *cinq pour cent*, applicables aux frais de la vente.

L'exposition mettant le public à même de se rendre compte de l'état des objets, il ne sera admis aucune réclamation une fois l'adjudication prononcée.

Paris. — Imp. de l'Art. E. Ménard et Cⁱᵉ, 41, rue de la Victoire.

DÉSIGNATION DES OBJETS

MEUBLES

1 — Grande armoire à deux portes en bois sculpté, avec fronton nid d'oiseau. Travail provençal. Louis XVI.

2 — Armoire à deux portes, forme Louis XV, corniches et panneaux à moulures saillantes.

3 — Armoire à deux portes, fronton à trophée d'oiseaux et de couronne, panneaux attribut de musique et gerbe de fleurs. Travail normand. Louis XVI.

4 — Horloge à cage, forme colonne cannelée Louis XVI, en bois sculpté.

5 — Horloge à cage en bois sculpté. Fin Louis XV.

6 — Commode en noyer à quatre tiroirs avec poignées et entrées de serrure en bronze poli, à rocailles; dessus en marbre rouge veiné. Époque Louis XV.

7 — Commode à deux tiroirs, en noyer richement sculpté, décor à rocailles avec poignées et entrées de serrures en cuivre poli. Époque Louis XV.

8 — Commode à trois rangées de tiroirs, en bois de palissandre et bois de rose, dessins en marqueterie; dessus en marbre gris. Époque Louis XV.

9 — Vitrine en bois de rose et palissandre avec chutes, sabots, appliques et entrées de serrures en bronze. Époque Louis XVI.

10 — Commode de forme ventrue, à deux tiroirs, en noyer sculpté, dessin : médaillon suspendu à des nœuds de rubans, gerbes de lauriers, avec poignées en bronze doré. Époque Louis XVI.

11 — Petite commode à trois rangées de

tiroirs, en bois de rose, palissandre et
marqueterie garnie de bronzes dorés,
signée B. Vasse (pièce de corporation);
dessus en marbre blanc. Époque Louis XVI.

12 — Chiffonnier à cinq tiroirs, en bois
d'acajou avec cannelures et filets de cuivre ; dessus marbre blanc à galerie. Époque Louis XVI.

13 — Buffet-dressoir en bois sculpté, le haut
en retrait s'ouvrant à coulisse. Époque
Louis XV.

14 — Meuble à deux corps en bois sculpté
à pointes de diamant, s'ouvrant à deux
portes et avec tiroir à hauteur d'appui.
Louis XIII.

15 — Guéridon acajou et marqueterie, pieds
cannelés. Époque Louis XVI.

16 — Coffre à bois Renaissance en bois
sculpté avec médaillon à figure au centre.

17 — Panetière et pétrin en noyer sculpté.
Louis XVI.

18 — Corniche forme demi-lune, en bois
sculpté et doré, pieds cannelés à feuillages. Époque Louis XVI.

19 — Bahut à une porte en chêne sculpté,
battants à ornements. Louis XIV.

20 — Table ronde en acajou avec tiroirs et
tablettes, dessus en marbre blanc entouré
d'une galerie de cuivre. Époque Louis XVI.

21 — Table de nuit à deux vantaux en palissandre et racine de noyer, pieds à con-
tour ornés de bronze; dessus en marbre.
Époque Louis XV.

22 — Petit meuble chiffonnier à trois tiroirs,
en bois rose, palissandre et marqueterie,
orné de bronzes. Louis XVI.

23 — Cabinet en bois noir et marqueterie
d'ivoire et d'écaille, dessins à rinceaux.
Époque Louis XIII.

24 — Tabouret en noyer sculpté, couvert en
tapisserie au point, à grandes fleurs e^{t}
feuillages. Époque Louis XIII.

25 — Fauteuil espagnol garni de cuir et gros clous de cuivre. xvie siècle.

26 — Lit de milieu et bas avec baldaquin, tenture et couvre-pieds en soierie verte brochée à fleurs et ramages jaunes. Époque Louis XIV.

27 — Miroir d'entredeux avec cadre à fronton en bois sculpté et doré. Époque Louis XVI.

SCULPTURES

28 — Bois sculpté. Deux statues de reines représentées debout dans des robes amplement drapées, l'une tenant un livre d'heures dans la main droite, et l'autre, un missel de la main gauche. Toutes deux le front ceint de leurs couronnes. xvie siècle.

29 — Bois sculpté. Deux grandes consoles d'applique à rocailles et jetées de fleurs rechampies de gris. Époque Louis XV.

30 — Bois sculpté. Console d'appliques à
fleurs et ornements rocaille rechampie de
blanc sur fond doré. Époque Louis XV.

31 — Bois sculpté. Quatre vases d'applique
rechampis de blanc et rehaussés d'or.
Époque Louis XVI.

32 — Bois sculpté. Cadre de glace avec
fronton rehaussé d'or. Époque Louis XV.

33 — Bois sculpté. Cadre de miroir avec
fronton. Époque Louis XVI.

34 — Bois sculpté. Cadre de glace d'entredeux en bois sculpté et doré. Époque
Louis XVI.

35 — Bois sculpté. Dessus de trumeau avec
glace, cadre en bois sculpté rechampi de
brun. Époque Régence.

36 — Bois sculpté. Trumeau avec glace et
peintures, marine et paysage, cadre rechampi de blanc. Époque Louis XVI.

37 — Bois sculpté. Petit cadre de miroir avec

fronton à rocailles ajourées. Époque
Louis XV.

38 — Bois sculpté. Cadre avec fleurs et co-
quilles aux écoinçons. Époque Louis XIV.

39 — Bois sculpté. Petit cadre doré, dessin
à fleurs. Époque Louis XIV.

40 — Bois sculpté. Petit cadre doré, dessin
à fleurs. Époque Louis XIV.

41 — Bois sculpté. Petit cadre de même
genre et même époque.

42 — Bois sculpté. Petit cadre à tore de lau-
rier. Époque Louis XVI.

43 — Bois sculpté. Cadre à feuillage et rubans. Époque Louis XVI.

44 — Bois sculpté. Deux petits panneaux,
dessin guirlandes de fleurs. XVIIIe siècle.

45 — Bois sculpté. Deux torchères d'autel,
rechampies de vert bronzé. Époque
Louis XIII.

46 — Bois sculpté. Deux torchères d'autel dorées. Époque Louis XIII.

47 — Terre cuite : *l'Amour discret*. Statue attribuée à Falconet. (A subi des restaurations.) Hauteur, 88 cent.

48 — Terre cuite. Assomption de la Vierge sous un baldaquin à draperies, entourée des chérubins. Groupe monté sur fond de bois et formant applique, avec une lumière en bronze. XVIIIe siècle.

49 — Terre cuite. Console d'applique gothique.

TABLEAUX

50 — SEGHERS (Signé DANIEL et daté 1641). Gobelet d'argent, livre, instruments de musique, boussole sous une draperie.

51 — VAN LOO (Attribué à LOUIS-MICHEL). Portrait de Louis XV en armure.

52 — ÉCOLE FRANÇAISE, XVIIIe siècle. Danaé.

53 — LAFFOSSE (Signé). Le Jugement de
Pâris.

54 — PRUDHON (École de). Nymphe debout
entourée de fleurs.

55 — ÉCOLE FRANÇAISE, XVIIIe siècle. Portrait
de femme coiffée d'une capeline à la
Pompadour.

CUIVRES

56 — Grand brasero supporté par trois
griffes en cuivre jaune. XVIe siècle.

57 — Grand brasero supporté par trois
griffes à boules en cuivre jaune, avec
couvercle dômé et repercé à jour. XVIe
siècle.

58 — Deux torchères d'autel en cuivre
jaune. XVIIe siècle.

59 — Deux lanternes processionnelles, forme
à pans. XVIIe siècle.

60 — Lanterne à suspendre en cuivre jaune. XVIIe siècle.

61 — Grande lampe d'autel en cuivre doré et argenté. XVIIIe siècle.

62 — Lampe d'autel en cuivre avec vestiges d'argenture. Époque Louis XV.

63 — Lampe d'autel en cuivre argenté, avec têtes de chérubins. Époque Louis XVI.

64 — Fontaine d'applique et bassin en cuivre rouge et repoussé, avec écusson. Époque Louis XIV.

65 — Brasero sur piédouche, en cuivre jaune. XVIIe siècle.

66 — Cafetière tripode en cuivre jaune. Louis XVI.

67 — Cafetière tripode, moins grande et de même époque.

68 — Grande cafetière tripode en cuivre argenté. Époque Louis XVI.

69 — Deux réchauds en cuivre rouge. XVIIIe siècle.

70 — Deux vases en cuivre argenté. Époque Louis XIV.

71 — Fer à repasser avec support. XVIIe siècle.

72 — Réchaud avec poignée en bois. XVIIIe siècle.

73 — Réchaud plus petit. XVIIIe siècle.

74-75 — Deux fontaines en cuivre rouge. Époque Louis XIII.

76 — Bénitier en cuivre jaune et repoussé, à guirlandes de fleurs et feuilles d'acanthe. Époque Louis XIV.

77 — Autre bénitier. Même époque.

78 — Encensoir en cuivre argenté. Époque Louis XIV.

79 — Encensoir en cuivre argenté. Même époque.

80 — Plat rond et festonné, argenté. Louis XV.

81 — Trois moules à gâteaux anciens, en cuivre rouge.

82 — Quatre couvercles de bassinoires en cuivre rouge.

83 — Deux mortiers avec pilons, du XVIᵉ siècle.

84 — Mouchettes et plateau en cuivre jaune. Époque Louis XIV.

85 — Série de poids avec ses poids. XVIᵉ siècle.

86 — Plat en cuivre avec médaillon : Agneau pascal. XVIᵉ siècle.

87 — Socle en cuivre jaune. Époque Renaissance.

88 à 92 — Cinq lampes juives en cuivre jaune. (Seront vendues séparément.)

93 — Fontaine à trois robinets en cuivre
jaune. xvie siècle.

94 — Deux flambeaux en cuivre jaune,
fuseau contourné. Époque Louis XV.

95 — Deux flambeaux en cuivre argenté.
Époque Louis XVI.

96 — Deux torchères d'autel en cuivre jaune.
xvie siècle.

97 — Paire de flambeaux en cuivre poli.
Louis XV.

98 — Paire de flambeaux en cuivre poli.
Époque Louis XIII.

99 — Paire de flambeaux en cuivre poli.
Époque Louis XV.

100 — Samovar en cuivre rouge et ancien.

101 — Paire de chenets en cuivre argenté.
Époque Louis XIV.

102 — Marmite en métal de cloche. xvii[e]
siècle.

103 — Sonnette de porte, ornée d'une inscription gothique.

104 — Grand chaudron en cuivre repoussé,
décor mascarons, dauphins et arabesques.

105 — Lustre hollandais à douze lumières,
en cuivre poli. Époque Louis XIII.

106 — Chaudron en cuivre jaune et repoussé,
décor à arabesques.

107 — Petite pendule premier Empire, en
bronze, partie doré : le Char de l'Amour.

FERS ET ÉTAINS

108-109 — Cinq hallebardes de formes diverses. XVIe siècle.

110 — Deux appliques à trois lumières en
fer doré. XVIe siècle.

111 — Lustre à dix lumières en fer avec
rinceaux feuillagés. XVIe siècle.

112-113 — Trois crémaillères en fer. xvɪᵉ siècle.

114 à 116 — Cinq trépieds-supports en fer forgé et peint. xvɪɪᵉ siècle. (Sera divisé.)

117 — Fontaine en étain, anse à mascarons, robinet au dauphin. xvɪɪɪᵉ siècle.

118 — Plat creux en étain. Époque Louis XV.

119 — Deux aiguières en étain. xvɪɪᵉ siècle.

120 — Dîme suisse pour la bière, en étain.

121 — Chocolatière en étain. Époque Louis XV.

122 — Calice et saint-ciboire en étain. Louis XVI.

123 — Pichet en étain gravé, décor Renaissance.

124 — Huilier en étain avec burettes en verre. Époque Louis XVI.

125 — Ménagère en étain. Époque Louis XV.

126 — Écuelle en étain. Époque Louis XV.

127 — Huilier en étain avec burettes de Moustiers. Époque Louis XV.

128 — Paire de flambeaux en étain. Époque Louis XVI.

129 — Plat en étain repoussé, décor : cheval Pégase, corne d'abondance et dauphins.

FAIENCES ANCIENNES

130 — Moustiers. Plat ovale, décor à personnages et animaux en vert et violet.

131 — Nevers. Saladier avec inscription : Beaunison Claude Lecat Cupidon, 1758, représentant un apôtre et un évêque. Époque de la Révolution.

132 — Rouen. Plat octogone. Décor à guir-

landes avec panier de fleurs en poly-chrome. Époque Louis XIV.

133 — Rouen. Assiette, décor à la corne.

134 — Strasbourg. Assiette, décor à fleurs.

135 — Strasbourg. Grand plat décoré de fleurs.

136 — Delft. Potiche avec couvercle, décor arbustes et fleurs.

137 — Nevers. Cachepot à anses, décor de fleurs et lambrequins en polychrome.

138 — Moustiers. Plat ovale, décor d'arbustes et de fleurs.

139 — Rouen. Plat ovale, décor à la rose avec fleurs en polychrome.

140 — Nevers. Saladier décoré d'arbustes et de pommes.

141 — Nevers. Saladier, décor représentant un fauconnier dans un paysage.

142 — NEVERS. Grand saladier, représentant un soldat dans un paysage.

143 — NEVERS. Saladier représentant le Renard et la Cigogne.

144 — SCEAUX. Plat ovale décoré d'un paysage en rose.

145 — MONTPELLIER. Plat à côtes décoré d'un bouquet de fleurs en polychrome.

146 — ROUEN. Plat octogonal décoré d'une corbeille au centre et sur le marli de lambrequins et d'arabesques.

147 — ROUEN. Petit plat octogonal. Même décor.

148 — NEVERS. Petite assiette, décor fleurs et arbustes bleu et violet.

149 — HISPANO-MAURESQUE. Plat à reflets métalliques, décoré d'objets d'ameublement en bleu, daté 1611.

150 — STRASBOURG. Sucrier à poudre avec
plateau et couvercle, décor à fleurs
surmonté d'une poire.

151 — STRASBOURG. Sucrier à poudre avec
plateau et couvercle, décoré de fleurs
polychromes et de guirlandes en rose; le
couvercle est surmonté d'une pomme.

152 — ROUEN. Deux petites bouteilles, forme
gourde, décorées de fleurs et d'arbustes
en polychrome.

153 — NEVERS. Sucrier à anses et couvercle
décoré par compartiments d'arbustes
bleu sur blanc.

154 — SCEAUX. Pichet, monture en étain,
décoré de fleurs en rouge et vert.

155 — STRASBOURG. Dix assiettes décorées
de fleurs en polychrome.

156 — FABRIQUES DIVERSES. Onze assiettes,
décor varié.

157 — Nevers et Rouen. Dix assiettes, décor varié.

158 — Strasbourg. Pichet représentant Bacchus, date 1000 *L*.

159 — Delft a la Foudre. Assiette, décor par compartiment à fleurs et jardinières.

160 — Aprey. Assiette à bords contournés et dorés, décorée de fleurs et fleurettes en polychrome.

161 — Nevers. Chimère, décor bleu et vieil or, daté 1755.

162 — Strasbourg. Saucière à anses, décorée de fleurs.

PORCELAINES ANCIENNES

163 — A la Reine. Assiette décorée de roses et de fleurettes en rouge, vert et or.

164 — Inde. Assiette décorée de fleurs et fruits.

165 — Locré. Compotier à côtes, vieil or, décoré de fleurs rouges, vertes et bleues.

166 — Saxe. Tasse à anse avec soucoupe, décorées de lambrequins en or et marron.

167 — Japon. Grand plat, décor par compartiments d'oiseaux et fleurs en bleu sur blanc.

168 — Allemagne. Deux potiches décorées d'oiseaux sur des branchages.

169 — Saxe. Paire d'appliques en fer à deux lumières, ornées chacune de dix fleurs de Saxe.

170 — Saxe. Paire d'appliques en bronze, à deux lumières ornées de douze fleurs de Saxe.

171 — Sèvres. Tasse et sa soucoupe décorées de fleurs et fleurettes en rouge, vert et bleu.

OBJETS DE VITRINE

172 à 180 — Lot de médailles en bronze repoussé et ciselé. (Sera divisé.)

181 à 190 — Lot de cadres, statuettes, petits bronzes de toutes sortes. (Sera divisé.)

191 — Petite statuette d'amour en bronze doré. Époque Renaissance.

192 — Petite statuette en bronze doré, représentant la Loi.

193 à 200 — Lot : bronzes Empire, statuettes, figurines, appliques et différentes pièces. Époque Empire. (Sera divisé.)

201 — Deux dévidoirs en acier. Époque Louis XVI.

202 — Serrure en bronze ciselé représentant des chevaux ailés. Époque Empire.

203 — Deux couteaux, lames en cuivre doré, manches en porcelaine de Saxe.

204 — Douze couteaux et douze fourchettes, lames en acier niellé et doré, représentant divers sujets de chasse, manches en acier gravé.

205 — Deux petits Christs en bronze doré. Époque Louis XIV.

206 — Boucle de ceinture en bronze doré. Époque Renaissance.

207 — Baiser de paix en bronze. Époque Renaissance.

208 — Deux petits flacons en cristal taillé. Monture en argent.

209 — Petit flacon à odeurs, en argent. Époque Renaissance.

210 — Boucle de ceinture en argent. Époque Louis XIII.

211 — Deux manches de couteaux en por-

celaine tendre de Chantilly ; décor à personnages chinois.

212 — Tabatière en cuivre doré. Époque Louis XVI.

213 — Montre en cuivre doré. Époque Louis XIV.

214 — Seize boutons de robe en strass ancien.

215 — Agrafe de manteau en argent, ancienne.

216 à 220 — Croix, pendentifs, broches anciennes en argent garnies de pierreries. (Sera divisé.)

ÉTOFFES ANCIENNES

221 à 225 — Lot de franges, galons, passementeries, or et argent anciens. (Sera divisé.)

226 à 230 — Lot de soieries et dentelles anciennes. (Sera divisé.)

231 à 234 — Lot de toiles de Jouy. (Sera divisé.)

235 à 240 — Lot de guipures russes. (Sera divisé.)

OBJETS DIVERS

241 — Moulin à café, marqueterie de bois. Époque Louis XIII.

242 — Objets non catalogués.